わたしたちの
はつせいたい

イエスさまとつながろう！

大塚 了平

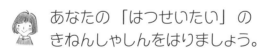

あなたの「はつせいたい」の
きねんしゃしんをはりましょう。

オリエンス宗教研究所

この本を使うみなさんへ

とつぜんですが

みなさんはイエスさまのことがすきですか？

「まだよく分からない」「イエスさまのことをよく知らない」

という人もいると思います。

この本で、はつせいたいのじゅんびをしながら

イエスさまや神さまのことを学びましょう。

この本には

みなさんが自分で考えて書くところもあります。

そこに「正解」はありません。

みなさんが、自分で思ったことや考えたことを書いてみましょう。

そんなふうに自分で考えることが

もっと神さまやイエスさまのことを知るきっかけになります。

自分で書きこんだこの本は

はつせいたいの大切な思い出になるでしょう。

「わたしたちのはつせいたい」というタイトルには

みなさんが、ごせいたいのイエスさまを通して

世界中の教会のなかまたちとつながっている

という意味がこめられています。

この本を通して、そして、はつせいたいのすばらしいおめぐみによって

みなさんがイエスさまともっと仲良くなれるように

おいのりしています。

もくじ

第1部　ごせいたいって何だろう?

第2部　聖書の中のイエスさま

イラスト／深堀 典

はつせいたいまでのきろく

名　前 _____

洗礼名 _____

たんじょう日 _____ 年 _____ 月 _____ 日 _____

じゅうしょ _____

洗礼を受けた教会 _____

洗礼を受けた日 _____ 年 _____ 月 _____ 日 _____

はつせいたいのかんそうを書きましょう

はつせいたいのべんきょうを始めた日

年　　　月　　　日

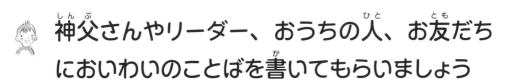 はつせいたいのきねん日

年　　　月　　　日

神父さんやリーダー、おうちの人、お友だちにおいわいのことばを書いてもらいましょう

おいのりをおぼえましょう

主のいのり

主イエス・キリストが教えてくださった、このおいのりは、キリスト者にとって最高のものです。

天におられるわたしたちの父よ、

み名が聖とされますように。

み国が来ますように。

みこころが天に行われるとおり

地にも行われますように。

わたしたちの日ごとのかてを

きょうもおあたえください。

わたしたちの罪をおゆるしください。

わたしたちも人をゆるします。

わたしたちをゆうわくにおちいらせず、

悪からお救いください。

アーメン。

アヴェ・マリアのいのり

アヴェ、マリア、めぐみにみちた方

主はあなたとともにおられます。

あなたは女のうちでしゅくふくされ、

ごたいないのおん子イエスも しゅくふくされています。

神の母聖マリア、わたしたち罪人のために、

今も、死をむかえるときも、おいのりください。

アーメン。

十字架のしるし

父と子と聖霊のみ名によって洗礼を受けたこと、三位一体の神に生かされていることを思い起こします。

父と

子と

聖霊の

み名によって

アーメン

第1部

ごせいたいって何だろう?

第1回　神さまは、どんな方？

　みなさんは、神さまのことを、どんな方だと思いますか？　きょうは、聖書のお話を読みながら、神さまについて考えてみましょう。

　聖書には、神さまがこの世界のすべてのものをつくられた、と書かれています。わたしたちが住んでいる地球、空の太陽、月や星も、すべて神さまがつくられたものです。そして、草や木などの植物と、たくさんのどうぶつたちをつくって、命をあたえてくださったのも、神さまです。

　生きものが生きていくためには、たくさんのものがひつようです。たとえば、1頭の象を見てみましょう。この象は、空気をすって息をして、おなかがすけば草を食べ、のどがかわけば水を飲みます。昼は太陽の光でからだをあたためて、夜はしずかな暗やみの中でねむります。それだけでなく、この象をうんでくれたおとうさんおかあさんの象がいて、いっしょに生きるなかまの象がいて、またオスとメスの象が出会って家族になって、そこに赤ちゃん象も生まれます。こうしてこの象が生きていくためにひつようなものも、すべて神さまがつくってくださったのです。

　そして、神さまは、わたしたち人間もつくってくださいました。しかも人間は、神さまににせてつくられた、と聖書に書かれています。人間には心があるので、自分で考えて、いろいろなことを知ることができます。今、わたしたちが、神さまのことと、神さまのつくられたこの世界のことを考えることができるのも、神さまににせて人間をつくってくださった、神さまのおかげなのです。

❶神さまがつくられたこの世界の中で、すきなもの、美しいと思うものを書いてみましょう。

❷わたしたち人間が生きていくためには、どんなものがひつようでしょうか。みんなが生きていくために、ひつようなものを書いてみましょう。

第2回　おいのりを作ってみよう

　みなさんは1日のなかで、どれくらいの人とお話をしますか。

　朝は家族と「おはよう」とあいさつをして、お話をします。学校では友だちと楽しくお話をして、先生やおとなの人ともお話をするでしょう。放課後も友だちと遊びながらお話をし、家に帰ってからは家族ときょうあったことをお話しします。

　楽しいことだけでなく、時には悲しいことやイヤだったことを、家族や友だちと話すこともあるでしょう。でも、そうしてお話ししていると、悲しかった気持ちも少し楽になってきます。だれかとお話をするということは、わたしたちの心が元気になるために、とても大切なことです。

　それではみなさんは、神さまとお話をしていますか。おいのりは、神さまとお話しすることです。おいのりのなかで、神さまとお話しすると、わたしたちの心はもっと元気になりますし、やさしい心や強い心になれるように、神さまが助けてくださいます。

　イエスさまも、よく、ひとりで神さまにおいのりしておられた、と聖書に

書いてあります。イエスさまも神さまとたくさんお話をして、神さまから助けていただいていたのです。イエスさまが教えてくださった「主のいのり」（8ページ）は、「天におられるわたしたちの父よ」という言葉で始まります。わたしたちも、神さまと親子のように親しくお話をして、もっと元気でやさしくなれるようにと、イエスさまはこのおいのりを教えてくださったのです。

みなさんもおいのりを作ってみましょう。おいのりの作り方は自由です。神さまとお話ししてみたいことを考えて、おいのりを作ってみましょう。

❶いま神さまと、いちばんお話ししてみたいことを、おいのりにしてみましょう。

❷みんなのために神さまにおねがいしたいことを考えて、ミサの中でみんなでいのる共同祈願のおいのりを作ってみましょう。

第3回　イエスさまと神さまの愛

　イエスさまは、今から2000年ほど前、今のイスラエルのあたりに本当におられた方です。イエスさまは人びとに、「神の国は近づいた」と言われました。神の国は、みんなが神さまからいただいたやさしい心を持って、おたがいに助けあいながら、いっしょにくらしている国です。そんなすばらしい世界になるように、イエスさまは、たくさんのことを教えてくださいました。

　「隣人を自分のように愛しなさい」

　隣人とは、ふつう、みんなの近くにいる家族やお友だちのことを言います。イエスさまの時代の人たちも、自分の家族やなかま、同じ国や同じ民族の人たちだけが「隣人」だと思っていました。しかし、イエスさまは、そういう壁をこえて、すべての人がおたがいに愛しあうことを教えられました。こまっている人やないている人をはじめ、世界中のすべての人は、国や民族がちがっても、また、はだの色や考えかたがちがっても、みんなわたしたちの大切な隣人です。

　そうして、世界中のすべての人が、自分の家族やお友だちのように、おたがいを愛することができたら、どんなにすばらしい世界になることでしょう。そのためには、イエスさまが教えてくださった神さまの愛を、もっと知る必要があります。わたしたちが教会に来て、イエスさまのお話を聞いたり、ごせいたいをいただいたりするのも、神さまからの愛をたくさんいただいて、もっとたくさん愛することができる人になるためなのです。

❶みんながおぼえているイエスさまの言葉で、いちばんすきなものを書いてみましょう。

❷みんなの「隣人」とはだれでしょう。自分の近くで、こまっている人やないている人がいないか、考えてみましょう。

第4回 イエスさまの教会、わたしたちの教会

　今、みなさんがいる教会は、どんなところですか？　教会は、日本だけでなく、世界中にたくさんあります。小さな教会もあれば、大きな教会もありますし、国や言葉もちがういろいろな教会が、世界にはたくさんあります。それでは、いろいろなちがいがあっても、教会として同じところは、どういうところでしょうか。

　それは「イエスさまがよび集めてくださった」ということです。「教会」という言葉には、もともと「集まり」という意味があります。教会は建物のことだけではなく、イエスさまがよび集めてくださった、わたしたちの集まりのことです。ですから、イエスさまを信じている世界中の人たちのことを、みんなで「ひとつの教会」とよぶこともありますし、おうちで家族がいっしょにいのっている時は、「家庭の教会」とよぶこともあります。

　でも教会は、イエスさまを信じているわたしたちだけの集まりではありません。前回、「隣人を自分のように愛しなさい」というイエスさまの言葉

について 考えましたね。「隣人」とは、世界中のすべての人たちのことです。とくに、こまっている人やないている人たちは、わたしたちの大切な隣人です。ですから、イエスさまがよび集めてくださっているのは、わたしたちだけではありません。世界中の人たちが、イエスさまを真ん中にして、おたがいに愛しあうように、ひとつによび集められているのです。

❶みなさんの 教会はどんなところですか？　あなたの 教会の絵や地図をかいてもいいですね。

❷あなたの 教会には、どんな人たちがいますか？　その人たちは、 教会でどんな役目を持ち、どんなお仕事をしているか、調べて書きましょう。

第5回　聖霊は愛のプレゼント

　みなさんが、もらっていちばんうれしかったプレゼントは、何ですか？
きょうは、「聖霊」というイエスさまからの大切なプレゼントのお話です。
　イエスさまが復活して、天にのぼられたあと、マリアさまといっしょにい
のっていた弟子たちのところに、聖霊がくだりました。この出来事を「聖霊
降臨」と言います。イエスさまは、ご自分が天にのぼられたあとも、残され
た弟子たちとつながっていて、弟子たちを力づけることができるように、
この聖霊を送ってくださったのです。
　聖霊はもともと、父である神さまから、子であるイエスさまにあたえられ
た霊です。聖霊は神さまの霊で、神さまそのものですから、父である神さま
はご自分のすべてをイエスさまにあたえられた、と言えます。それはイエス
さまのことを、子どもとして本当に愛しておられるからです。ですから聖霊
は、神さまから愛する子どもへの最高のプレゼントです。
　そんな大切なプレゼントを、イエスさまはわたしたちにもあたえてくださ

いました。それはイエスさまが、わたしたちを心から愛しておられるからです。聖霊をいただくということは、イエスさまがわたしたちのことも「神さまの愛する子ども」にしてくださった、ということなのです。

　ですから、「聖霊、来てください」とおねがいするとき、わたしたちもイエスさまと同じ「神さまの愛する子ども」となって、イエスさまのようにやさしい心や人を愛する強い心をいただくことができるのです。

❶あなたが、おとうさんやおかあさん、そして家族からいただいて、いちばんうれしかったプレゼントは何ですか？

❷あなたが「聖霊、来てください」とおねがいしたいときは、どんなときですか？　聖霊へのおいのりを、書いてみましょう。

第6回　秘跡はイエスさまに会えるとき

　みなさんは、もしも今イエスさまに会えるとしたら、何をしたいですか？どんなお話をしてみたいですか？

　今から約2000年前、イエスさまと同じ時、同じ場所に生きていた人たちは、イエスさまから直接お話を聞いたり、イエスさまといっしょに食事をしたりしていました。ときには、イエスさまから病気を治してもらった人や、イエスさまに直接よばれて弟子になった人もいました。それから約2000年がたった今、わたしたちはイエスさまに直接会うことはできません。そう考えると、ちょっと残念ですね。

　でも実は、残念に思わなくてもいいのです。いつの時代の人たちでも、イエスさまと直接会うのと同じように、たくさんのおめぐみをいただくことができる方法を、イエスさまはちゃんと残してくださっています。それが「秘跡」です。秘跡には、洗礼、堅信、聖体、叙階、結婚、ゆるし、病者の塗油という7つがあります。

　今、わたしたちがこの秘跡を受けるとき、それをさずけてくださるのは神

父さまや司教さまですが、本当は、そこにちゃんとイエスさまもいっしょにいて、イエスさまが直接、わたしたちにおめぐみをあたえてくださっているのです。

　ですから、わたしたちは秘跡を受けるとき、イエスさまがわたしたちのためにおいのりして、わたしたちに直接ふれて、神さまからのおめぐみを、わたしたちにあたえてくださっているということを、信じることができます。こんなにすばらしい秘跡を、わたしたちはこれからも大切にしていきましょう。

❶7つの秘跡とはどんなものでしょう？　それぞれの秘跡にあてはまることを選んで例にならって、線でむすびましょう。

洗礼 ●	例 ● よい家庭をつくるように神さまのしゅくふくを受けます。
堅信 ●	● 水のしるしによって、神さまの子どもとなります。
聖体 ●	● 罪をおわびし、新しい気持ちで生きるためのものです。
叙階 ●	● イエスさまをつたえ、正しく強く生きる聖霊の力をいただきます。
結婚 ●	● 神さまの招きにこたえて司祭になるときに受けます。
ゆるし ●	● 病気の苦しみに負けない力をいただきます。
病者の塗油 ●	● イエスさまがご自分のからだを食べ物としてくださいます。

❷自分が洗礼の秘跡を受けたときのことを、調べて書きましょう。神父さまやおうちの人に聞いてみましょう。絵をかいてもいいですよ。

第7回　信じる力はどこから来るの?

　前回、秘跡について考えたときに、自分の洗礼について調べてみました。まだ小さいころに洗礼を受けた人は、よくおぼえていなかったかもしれません。でも、そこには家族や教会の人たちがいて、あなたのために、いっしょにおいのりしてくれていたと思います。

　洗礼を受けるとき、本当は、「イエスさまのことを信じます」という信仰と、「わたしは洗礼を受けたいです」という意思を、自分で言えないといけません。そのときは、まだ小さかったみなさんのかわりに、家族や教会の人たちがそれを言ってくれたはずです。はつせいたいを受けるときには、今度は自分で、この信仰と意思を言えないといけません。

　しかし、安心してください。教会の人たちはこれからも、みなさんといっしょにおいのりしてくれていますし、なによりイエスさまご自身がわたしたちに信じる力をあたえてくださっています。それがごせいたいです。

　イエスさまは、十字架につけられる前の夜、弟子たちと最後の食事をし

ました。そのとき、イエスさまはパンとぶどう酒を、ご自分の体と血であると言って、弟子たちにあたえられました。それは、これからも、イエスさまがいっしょにいて、弟子たちを力づけてくださる、というしるしです。そのイエスさまの体と血を、今、わたしたちはごせいたいとしていただいています。わたしたちの信仰は、けっして自分ひとりで信じるのではありません。イエスさまがいつもいっしょにいて、信じる力をあたえてくださっているのです。

やってみよう

❶はつせいたいのとき、ごせいたいをいただいて、イエスさまから助けていただきたいこと、力づけていただきたいことは何ですか？

❷これからいただくごせいたいに、どんなイメージを持っていますか？　みなさんが、今思うごせいたいのイメージを、絵や言葉にしてみましょう。

第8回　ミサはイエスさまの記念

　もしも、「来週、みなさんの教会にイエスさまが来てくれます」と言われたら、どうしますか。きっと「ぜったいに会いたい。いろんなお話を聞きたい」と思うにちがいありません。それでは「イエスさまの弟子のペトロが来てくれます」と言われたら、どうでしょうか。イエスさまに直接会って、何年もの間イエスさまといっしょに旅をして、イエスさまのお話をたくさん聞いたことがあるペトロが、みなさんの教会に来てくれるのです。

　ペトロは、イエスさまのお話をたくさんしてくれるでしょうし、イエスさまが最後の晩さんで弟子たちとしたお食事も、みなさんといっしょに再現してくれるでしょう。今から2000年くらい前、教会のはじめの時代には、そうやって本当にペトロや他の弟子たちが、日曜日にお話をして、いっしょにお食事をしていました。実は、今も教会で毎週行われているミサが、そのお話とお食事なのです。

　弟子たちがしてくれたイエスさまのお話を、本にまとめたものが福音書

です。これが、今は「福音朗読」として読まれます。そして、弟子たちはイエスさまのお話の意味を説明して、信者たちにいろいろな生活のすすめをしました。これが、今の「説教」です。そして最後の晩さんを再現して、いっしょにしたお食事が今の「感謝の祭儀」の中でごせいたいをいただく場面です。

　弟子たちが2000年前に行っていたことを、今はそれぞれの教会の神父さまが行って、今もわたしたちにイエスさまのことをつたえているのです。

❶きょうのミサでの神父さまのお説教は、どんなお話でしたか?

❷ミサの歌で、すきな歌は何ですか?　その歌の歌詞も書いてみましょう。

第9回　待っていてくださる神さま

　20年、あるいは30年も教会に来ていない人がいますが、わたしは、その人たちをせめる気持ちにはなりません。その人たちに、それぞれどんな理由があるのか、わたしには分からないからです。ただひとつだけ言えることは、「神さまはいつでもわたしたちを待っていてくださる」ということです。

　イエスさまはある日、「ほうとう息子のたとえ」というお話をされました。この息子は、家から出て行って、おとうさんからもらった財産を使いはたしてしまいました。それでも、家に帰って来た息子を、おとうさんは大よろこびでむかえました。

　神さまも、このおとうさんと同じように、すべての人をよろこんでむかえてくださると、イエスさまは教えてくださっています。

　しかし、このお話は、これで終わりではありません。この息子には、おにいさんがいました。おとうさんが、弟をよろこんでむかえたと知って、そのおにいさんがおこり出したのです。

「あいつは、はたらきもせず、遊びまわってお金を使いはたしたのに」

　そう言っておにいさんは、おこって家に入ろうともしません。しかし、そんなおにいさんのことも、おとうさんは自分からやって来て、なだめます。

「死んだと思っていたお前の弟が帰って来たのだ。よろこぶのは当たり前ではないか」

　わたしたちはどうでしょうか。わたしたちも神さまと同じように、人をゆるせる心を持ちたいものです。

❶神さまから、わたしたちの心がはなれてしまった、と思われるのは、どんなときですか？

❷わたしたちをよろこんでむかえてくださる、神さまの顔を絵にかいてみましょう。

第10回　イエスさまと出会ったザアカイ

　ある町に、ザアカイという徴税人がいました。徴税人は、みんなから税金としてお金を集める人です。しかし、当時の徴税人は、正しくない方法で、人からたくさんお金をとっていたので、みんなから、とてもきらわれていました。

　ある日、その町にイエスさまがやって来ました。ザアカイは、イエスさまにひと目会いたいと思いましたが、通りにはたくさんの人がいて、イエスさまの姿も見えません。しかし、ザアカイはあきらめず、木に登ってイエスさまを見ようとしました。イエスさまは、そんなザアカイを見つけて、「きょうは、あなたの家にとまりたい」と、言ってくださったのです。

　ザアカイは、よろこんでイエスさまを家にむかえて、さらに「わたしの財産の半分をまずしい人にあげます。だれかから、だまし取ったものがあれば、4倍にして返します」と約束しました。

　イエスさまと出会って罪をゆるされた人は、いつも、このように変わって

いきます。それは、ただ「罪をゆるされた」というだけでなく、イエスさまと同じ神さまの子どもとなって、たくさんのおめぐみを神さまからいただいたからです。教会にも、悪いことをしてしまった時に、ゆるしをいただく「ゆるしの秘跡」があります。この秘跡で、罪のゆるしをいただくと、わたしたちも神さまの子どもとして、たくさんのおめぐみをいただくことができます。このおめぐみによって、わたしたちもイエスさまのような、やさしい心や強い心になれるように、ゆるしの秘跡を大切にしていきましょう。

やってみよう

❶神さまやまわりの家族、お友だちにしてしまった、悪かったことがありますか？　思い出して書いてみましょう。

❷ザアカイがイエスさまに約束したように、みなさんなら、どんな約束をイエスさまにしますか？

第11回　ひとつのパンにむすばれて生きる

　いよいよはつせいたいの日が近くなりましたね。みなさんも、期待で胸がドキドキしているかもしれません。ごせいたいをいただくことは、イエスさまとひとつになることです。そして、ごせいたいのイエスさまを通して、世界中の人ともひとつになることができます。時間や場所を超えて、このパンはひとつです。そんなすばらしいはつせいたいになるように、ふさわしい心のじゅんびをしましょう。

　まず、はつせいたいの前に、ゆるしの秘跡を受けます。罪があるままでは、わたしたちの心は、不安やおそれでいっぱいです。それでは、ごせいたいのおめぐみを、しっかり受けとめることができません。わたしたちの心に、イエスさまがちゃんと来てくださるように、心をきれいにして、その場所を用意しましょう。はつせいたいだけでなく、これからも、大きな罪や気になることがある場合は、ごせいたいをいただく前に、ゆるしの秘跡を受けましょう。

　また、ごせいたいをいただくときには、1時間前から、お食事をしないようにします。おなかいっぱいでごせいたいをいただくことは、よくありません。ただし、水や薬などは、いつでも飲むことができます。また、お年寄りや病気の人は、お食事をしたばかりでも、ごせいたいをいただけます。

　ごせいたいを受けたら、しずかにおいのりしながら、イエスさまとお話ししてみましょう。イエスさまは、どんな言葉で、みなさんに語りかけてくださるでしょうか。これから、みなさんが、ごせいたいを通して、イエスさまともっと親しくなってくれたら、わたしもとてもうれしいです。

　はつせいたいを受けたら、イエスさまとお話ししてみたいこと、おいのりしたいと思うことを書いてみましょう。

【ごせいたいのいただき方】
「キリストのおんからだ」と言われたら、「アーメン」（はい！　そのとおりです、の意味）とこたえて、ごせいたいを手で受け、すぐに口に入れていただきます。

第2部

聖書の中のイエスさま

第1回　イエスさまのごたんじょう

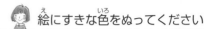絵にすきな色をぬってください

　今からおよそ2000年前に、ユダヤの町ベツレヘムでイエスさまはお生まれになりました。そのころ、野原では、ひつじかいたちが、夜どおし、ひつじの番をしていました。すると、天使が近づいてきて、あたりが明るくなりました。こわがっているひつじかいたちに、天使は言いました。

　「こわがることはない。わたしは、みんなに大きなよろこびをしらせます。きょう、ベツレヘムで、救い主がお生まれになりました。あなたがたは、かいばおけの中にねている赤ちゃんを見るでしょう。これが、あなたがたへのしるしです」

　とつぜん、おおぜいの天使が来て、神さまを賛美しました。

　「天には神に栄光、地には神のみ心にかなう人びとに平和」

　ひつじかいたちは、急いで出かけ、マリアさまとヨセフさまと、かいばおけにねている赤ちゃんをさがしあてました。ひつじかいたちは、天使が教えたとおりだったので、赤ちゃんのイエスさまをおがみ、大よろこびをして、神さまを賛美しながら帰りました。

やってみよう

❶左 の絵のなかに、星はいくつありますか？　かぞえてみましょう。

こたえ 　□　こ

❷左 の絵には、何しゅるいのどうぶつがいますか？　わかるかな？

こたえ 　□　しゅるい

❸下のマリアさまとイエスさまの絵と同じものはどれですか？
　○をつけましょう。

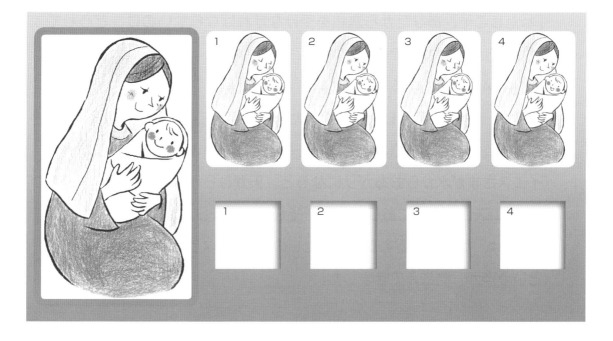

第2回　イエスさまの洗礼

絵にすきな色をぬってください

　おとなになったイエスさまは、洗礼者ヨハネから洗礼をお受けになるために、ヨルダン川においでになりました。ヨハネはイエスさまを見ると、

「わたしこそ、あなたから洗礼を受けなければならないのに、どうして、わたしのところにおいでになったのですか」

と、言いました。すると、イエスさまは、

「今は、止めないでほしい。わたしたちは正しいことは何でもするのだ」

と、おっしゃってヨハネから洗礼をお受けになりました。

　イエスさまが水からおあがりになると、天がひらけ、聖霊がハトのような形でイエスさまの上におりました。そして、天から、

「これは、わたしの愛する子、わたしの心にかなう者である」

という声が、聞こえてきました。

やってみよう

❶イエスさまに洗礼をさずけた人はだれですか？　○をつけましょう。

（　　）マルコ　　（　　）ペトロ　　（　　）洗礼者ヨハネ

❷イエスさまが洗礼を受けたとき、天からの声は何と言いましたか？
　○にひらがなを入れましょう。

「これはわたしの ○○ する ○
　わたしの ○○○ にかなうものである」

❸あてはまるところに、絵の番号を書き入れましょう。

1　2　3　4　5　6

例

1

左上の
絵をみて
考えてね！

あ
い
う
え
お

第3回　カナの結婚式

絵にすきな色をぬってください

　あるとき、カナという町で結婚のおいわいがありました。イエスさまも、おかあさんのマリアさまと弟子たちといっしょにまねかれました。ところが、おいわいの最中に、ぶどう酒が足りなくなりました。それに気づいたマリアさまは、イエスさまのそばにより「ぶどう酒が、なくなってしまいました」と言いました。イエスさまは、「わたしの時は、まだ来ていません」と返事をしました。けれども、マリアさまは、「この人が何か言ったら、何でも、そのとおりにしてください」と、お手伝いの人に、ささやきました。

　そこには、大きい水がめが6こありました。イエスさまは、お手伝いの人に、「このかめに、水をいっぱい入れなさい。そして、その水をくんで、料理する人に持っていきなさい」と、おっしゃいました。言われたとおりにすると、水は、よいぶどう酒に変わっていました。これを飲んだ人びとは、「これはすばらしいぶどう酒だ。よく、こんなにいいぶどう酒を、とっておいたものだ」と、感心しました。

❶イエスさまが、水をぶどう酒に変えた町の名前に○をつけましょう。

（　　　）エリコ　　　（　　　）エマオ　　　（　　　）カナ

❷ぶどう酒がなくなったことに気づいたのはだれですか？　◯に
その人の名前をカタカナで書きましょう。

◯◯◯さま

❸下の絵の中で、左上の絵とちがうところを5こ見つけましょう。

左上の
絵をよくみて
考えてね！

第4回　嵐をしずめるイエスさま

絵にすきな色をぬってください

　ある日、ガリラヤの 湖 のほとりにおられたイエスさまは、「むこう岸に わたろう」と、おっしゃって、弟子たちといっしょに、ふねにお乗りになり ました。

　ふねが 湖 をわたる 間 、イエスさまはねむっていらっしゃいました。

　とつぜん、強い風が起こり、ふねは水びたしになって、しずみそうになり ました。弟子たちは、ふるえながら、

　「先生、起きてください。わたしたちは、おぼれてしまいます」

　と、さけびました。イエスさまが起き上がって、「しずまれ」と命令なさ ると、すぐに風がやみ、 湖 はしずかになりました。

　「なぜ、こわがるのか。まだ、わたしを信じないのか」

　と、イエスさまは弟子たちにおっしゃいました。弟子たちは、

　「いったい、この方はどなただろう。風や 湖 も、この人のいうことを聞 くなんて」と言いあいました。

やってみよう

❶イエスさまが嵐をしずめた湖の名前はどれですか？ ○を
つけましょう。

（　　）びわ湖　　　（　　）ガリラヤ湖　　　（　　）死海

❷イエスさまは嵐に何と命令しましたか？ ○にひらがなで書
きましょう。

◯ ◯ ◯ ◯

❸下の絵をよく見て、あ〜かの中で、ふねに乗っていない人に○
をつけましょう。

乗っていない
人がふたり
いるよ！

第5回 あなたがたが食べものをあげなさい

絵にすきな色をぬってください

イエスさまが弟子たちといっしょにベトサイダという町にいらしたときのことです。イエスさまのまわりには、おおぜいの人が集まって、お話を聞いたり、病気をなおしてもらったりしていましたが、そのうち夕ぐれになってしまいました。弟子たちは、イエスさまに言いました。

「先生、もう日がくれかかりました。人びとを帰らせてください。ここは、食べものも、何もないところですから」。すると、イエスさまはおっしゃいました。

「あなたがたが食べものをあげなさい」。そう言われた弟子たちは、こまってしまって答えました。「でも先生、わたしたちは、パン5つと魚2ひきしか持っていません」

イエスさまは、「この人たちを、みんな、草の上にすわらせなさい」と、おっしゃって、5つのパンと2ひきの魚を取り、天をあおいでおいのりを

なさいました。それから、それらをさいて、弟子たちに分けさせました。

　みんなは、おなかがいっぱいになるまで食べました。それでもあまった食べものは、12のかごに、いっぱいになりました。このとき、パンと魚を食べた人数は男の人だけでも5000人はいました。

　次の日、イエスさまは、人びとにお話になりました。

　「わたしは、命のパンです。わたしのところに来る人は、おなかがすくことがなく、わたしを信じる人は、いつまでも、かわくことがありません」

やってみよう

❶イエスさまのお話を聞きに人びとが集まってきた町の名前に○をつけましょう。

（　　）ベトサイダ　　（　　）エリコ　　（　　）エルサレム

❷たいへん！　絵がバラバラになっています。左から正しいじゅんばんにならぶように、下に１〜５の数字を書きましょう。

左上の
絵をみて
考えてね！

第6回　何をしてほしいのか

絵にすきな色をぬってください

　イエスさまがエリコに行かれたとき、道ばたにすわっていたふたりの目の見えない人が、イエスさまが通られると聞いて、大声でさけびました。

「主よ、わたしたちをあわれんでください」

　イエスさまは立ち止まって、

「何をしてほしいのか」

　と、おっしゃると、ふたりは

「目をあけていただきたいのです」

　と言いました。

　イエスさまが、深くあわれんで、その目にさわると、ふたりは目が見えるようになり、イエスさまにしたがいました。

やってみよう

❶イエスさまは、「あわれんでください」と言われて、何と答えましたか？ ○にひらがなを書き入れましょう。

「○○を○○○○○のか」

❷目の見えない人を、イエスさまのところにつれて行ってあげましょう！

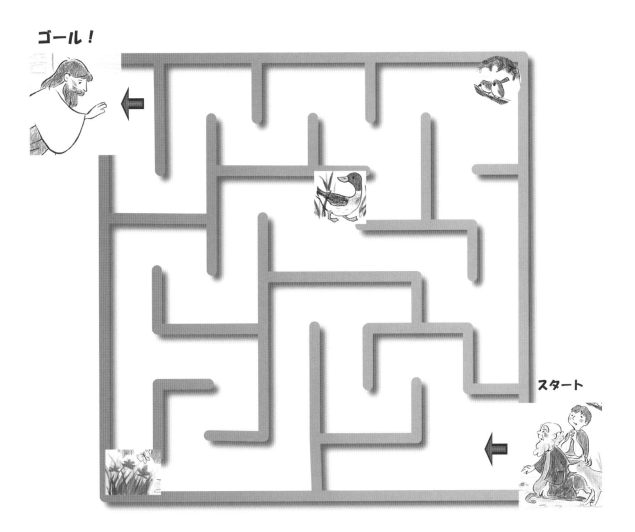

ゴール！

スタート

第7回　タリタ、クム（むすめよ、起きなさい）

絵にすきな色をぬってください

　あるとき、イエスさまが、町の礼拝堂でお話しされていると、ヤイロという人がやって来て、イエスさまの足もとにひれふして、たのみました。

　「わたしの小さいむすめが死にそうです。どうか、おいでになって、手をおいてやってください。そうすれば、むすめは、きっと助かるでしょう」

　イエスさまは、さっそくヤイロといっしょに出かけました。

　ところが、道のとちゅうで、ヤイロの家から来た人びとに会いました。

　「おじょうさんは、なくなりました。先生に、来ていただくことは、ありません」と、人びとは言いましたが、イエスさまは「おそれなくていい。ただ信じなさい」とおっしゃって、ヤイロの家に向かいました。家では、人びとが、大声でないていました。イエスさまはおっしゃいました。

　「なぜないているのか。むすめはねむっているのだ」

　しかし、人びとは、「そんなことが、あるものか」と、わらいました。

　イエスさまがむすめの手をとって、「タリタ、クム（むすめよ、起きなさ

い)」と、おっしゃると、むすめは、すぐに起き上がりました。人びとは、あまりのことに、何も言えませんでした。

　イエスさまは、こうおっしゃって、お帰りになりました。

　「このことは、だれにも言わないように。そして、むすめに、何か食べさせなさい」

やってみよう

イエスさまとヤイロのむすめを見ていたのはだれでしょう？　点をむすんで絵を完成させて、色をぬりましょう。

第8回　こどもたちを来させなさい

絵にすきな色をぬってください

　あるとき、イエスさまが、みんなにお話をしていらっしゃるところへ、おおぜいの人びとが、子どもをつれてやって来ました。そして、イエスさまに、子どもたちをしゅくふくしてもらおうと、イエスさまの前にさし出しました。

　弟子たちは、その人たちをしかって、帰そうとしましたが、かえってイエスさまは、弟子たちをしかって、「子どもたちを、わたしのところへ来させなさい。神さまの国は、このような人たちのものだ。子どものようにすなおな心でないと、神さまの国には入れない」と、おっしゃって、子どもたちをだき上げ、しゅくふくなさいました。

やってみよう

❶この 男 の子がだいているどうぶつは何でしょう？　点と点を１か
ら27までむすんで、
絵を完成させましょう。

こたえ（　　　　　　　　　）

❷どうぶつの名前を 表 す英語がかくれています。例のように線でかこん
でください。

owl
ふくろう

例

a	g	h	c	a	t
l	i	o	n	x	a
f	d	r	p	i	g
o	a	s	m	d	a
x	p	e	o	w	l
d	o	g	r	w	m

dog　いぬ

pig　ぶた

horse
うま

fox　きつね

cat
ねこ

第9回 イエスさまのご受難とご復活

絵にすきな色をぬってください

　イエスさまが、人びとに教えたり、苦しむ人を助けたりなさるうちに、3年ぐらいの月日がたちました。イエスさまは、弟子たちと「過越の祭り」をいわうために、エルサレムへ行きました。そのとちゅう、イエスさまは弟子たちにおっしゃいました。

　「わたしはエルサレムに行くが、そこで、わたしは、とらえられて、ばかにされ、ひどく苦しめられた上、十字架につけられるだろう。そして、わたしは3日目に復活する」

　しかし、弟子たちはだれも、そのことがわかりませんでした。

　エルサレムでの過越の祭りの夜、食事が終わると、イエスさまは、弟子たちをつれて、ゲツセマネというオリーブの園に行かれて、血の汗を流して、おいのりになりました。天使がイエスさまをはげまし、イエスさまは、世界中の人を救うためには、どうしても、ご自分が苦しまなければならないのだと、決心なさり、立ち上がりました。そこへ、祭司長や役人たちがやってきて、イエスさまをしばりあげ、引っぱっていきました。

　イエスさまは、十字架を背負わされ、ゴルゴタという死刑場へひかれて行きました。兵士たちは、イエスさまの服をはぎとり、十字架に両手と両足をくぎでうちつけまし

た。十字架は高く立てられ、頭の上には「ユダヤ人の王ナザレのイエス」と書いたふだがつけられました。やがて、イエスさまは救いの計画を、みな、し終えたことを知って、大声でおさけびになりました。「父よ、わたしの霊を、あなたにお返しします」

そのとき、神殿の大きいカーテンが、上から下まで、まっぷたつにさけ、地震が起き、岩がแわれました。人びとは、このようすを見て、「ほんとうに、この人は神の子だった」と言いました。イエスさまが十字架につけられて、おなくなりになったのは金曜日のことでした。

つぎの日曜日の朝早く、マグダラのマリアと女の人たちがイエスさまのおはかに来てみると、入り口の大きい石がころがっていました。おそるおそる中をのぞくと、そこにいた天使が言いました。「こわがらなくてもいい。あなたがたは、十字架につけられたイエスをさがしているのだろうが、ここにはおいでにならない。イエスは、前からおっしゃっていたように復活なさった。早く帰って、弟子たちに知らせなさい」

これを聞いた女の人たちは、大よろこびで走って行きました。そして、イエスさまが復活なさったことを、弟子たちに知らせました。

やってみよう

イエスさまの十字架とおなじ十字架はいくつありますか？　Yには黄色、Bには青、Rには赤色をぬって、見つけましょう。

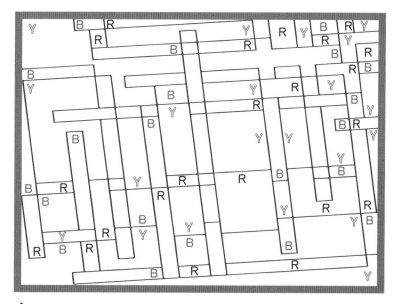

こたえ（　　　　　）

第10回　エマオの出会い

絵にすきな色をぬってください

　イエスさまが十字架にかけられて3日目のことです。ふたりの弟子が、エルサレムからエマオという町へ向かって歩いていました。ふたりは、歩きながら、イエスさまが十字架につけられてなくなったことなどについて、話しあっていました。すると、ひとりの旅人が近づいてきて、いっしょに歩き始めました。旅人が、「何を話しているのですか」と、ふたりにたずねると、ふたりは立ち止まって、「あなたは、あのイエスの事件を、知らないのですか？」と言って、説明し始めました。

　「イエスは、すばらしい人だったので、わたしたちは、あの方こそイスラエルを守ってくださる人だと信じていました。ところが、おととい、大祭司や役人たちが、死刑にしてしまったのです。そして、けさ、女の人たちが、おはかに行ってみると、イエスのおからだがなくなっていました」

　すると、旅人は、「なんとわからない人たちなんでしょう。救い主は、こういう苦しみを受けて、復活するはずだったんですよ」と言って、モーセを

はじめとして、むかしの人たちが、イエスが救い主であると言っていることを、いろいろと説明しました。

エマオに着くと、ふたりは、旅人に「いっしょにとまってください。もう、日がくれますから」と言って、いっしょに家に入りました。

夕食を食べるとき、旅人はパンを取り、感謝をささげてしゅくふくし、さいてわたしました。そのとき、ふたりは、旅人がイエスさまであることに気がつきましたが、もうイエスさまのすがたは見えなくなっていました。

ふたりは、「あの方が、歩きながらお話しになったとき、わたしたちの心は、もえていたではないか」と話しあい、すぐにエルサレムに引き返しました。

やってみよう

弟子たちは、急いでエルサレムに引き返そうとしています。
さあ、エルサレムへ向かいましょう！

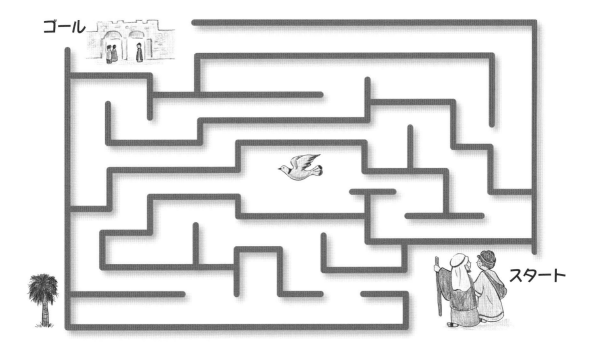

第11回　イエスさまのご昇天

絵にすきな色をぬってください

　イエスさまは、ご復活なさってから40日の間に、たくさんの人にあらわれて、神の国のことを、お教えになりました。

　その後、弟子たちを、ガリラヤの山におよびになって、おっしゃいました。
「わたしは、天のおん父から、すべてを治める力をいただきました。

　だから、あなたがたは、世界中の国ぐにへ行って、すべてのものに、わたしのことを教えなさい。そして、父と子と聖霊のみ名によって、洗礼をさずけなさい。

　わたしは、世の終わりまで、いつも、あなたがたといっしょにいます」

　それからイエスさまは、弟子たちをしゅくふくしながら、天にあげられていきました。弟子たちがじっと見上げているうちに、雲がイエスさまをつつんで、そのおすがたは見えなくなりました。

　そこに、天使があらわれて言いました。

「ガリラヤの人たちよ、どうして天を見上げて立っているのですか。今、天にあげられたイエスは、今とおなじようすで、また、おいでになります」

やがて、弟子たちは、エルサレムに帰って行きました。

❶ 復活されたイエスさまが天にあげられた山は、どこにありますか？あてはまるものに、○をつけましょう。

（　　）サマリア　　　　（　　）ガリラヤ　　　　（　　）カナリヤ

❷ イエスさまは「◯◯と子と◯◯◯◯のみ名によって洗礼をさずけなさい」と言われました。

下のクロスワードを解いて、◯に入ることばを見つけましょう。

マスをうめて、■色のマスの文字をならべかえてください。

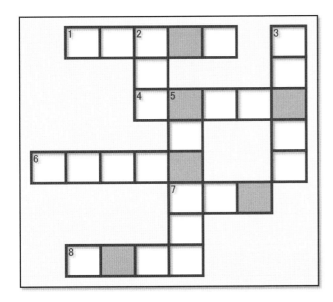

ヨコのカギ

1　イエスさまが十字架にかけられ復活されたところ

4　はつせいたいでいただく「キリストのおんからだ」

6　イエスさまがよび集めてくださった集まり

7　イエスは言われた。「わたしが◯◯◯のパンである」（ヨハネ6・35）

8　教皇さまが住んでいるところ

タテのカギ

2　ミサは◯◯◯の晩さんの記念

3　「今日、ダビデの町に、あなたがたのために◯◯◯◯◯がお生まれになりました」（ルカ2・11）

5　長崎の教会などが登録されているユネスコの◯◯◯◯◯◯

イエスさまの歩いた道

イエスさまは、約2000年前に、神さまの愛をつたえるために旅をされました。イエスさまが歩いた道は、今のイスラエルとパレスチナ自治区のあたりです。イエスさまの歩いたところをさがしてみましょう。

イスラエルには、世界中で愛されているシクラメンやチューリップ、アネモネといった花の原種があり、ガリラヤ湖のまわりでは、豊かな花を楽しむことができます。

エマオ

エルサレムからすこしはなれたところにあったと言われています

復活されたイエスさまが弟子と出会う

イエスさまが、最後の晩さんで、ごせいたいを定められる

エルサレム

イエスさまが十字架にかけられ、3日目に復活される

ベツレヘム

イエスさまごたんじょうの地

カナ

カナの婚礼
イエスさまがはじめて
奇跡を行う

ガリラヤ地方

イエスさまが天にあげられる

パンの奇跡

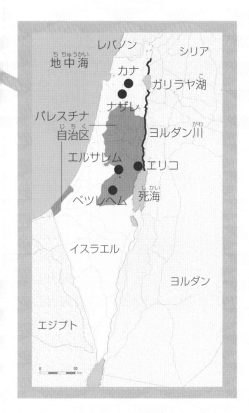

レバノン
シリア
地中海
カナ
ガリラヤ湖
ナザレ
パレスチナ
自治区
ヨルダン川
エルサレム
エリコ
ベツレヘム
死海
イスラエル
ヨルダン
エジプト

現代のガリラヤ湖
の夕焼け

ガリラヤ湖

イエスさまが嵐をしずめる

エリコ

目の見えない人をいやす

ヨルダン川

イエスさまが洗礼をうける

初聖体に向けて指導をされるみなさまへ

　はじめに、子どもたちの未来のために奉仕し、初聖体の準備を担当してくださっているみなさまに、心から感謝と敬意をお伝えいたします。困難な点もあるかと思いますが、ぜひ希望を持って、がんばっていただきたいと思います。

初聖体のお恵み

　「せっかく準備をして初聖体を受けたのに、その後、子どもたちが教会に来ていない」という声をよく聞きます。これは、みなで、よく考えていかなければならない、大きな問題です。しかし、まずは「しっかり準備をして、初聖体を受けることができた」ということを、神さまからのお恵みとして感謝したいと思います。

　わたしは、大人になってから洗礼を受けましたので、子ども時代は聖書の言葉の一つも知らず、お祈りも一度もしたことがありませんでした。それを思うと、初聖体を受けることができた子どもたちは、どれだけ恵まれていることでしょう。この子どもたちも、初聖体という機会がなければ、日常的に教会に来ることはなかったかもしれません。この期間の準備と初聖体のお恵みは、決して無駄ではないと信じます。

神さまの恵みの中で生きる

　そもそも教会が、毎週日曜日のミサを守るべき祝日と定めて、聖体拝領を勧めているのはなぜでしょうか。それは、わたしたちに「掟」を課すためではなく、わたしたちがより良く生きていくために、そのお恵みが必要だからです。

　親は、子どものために必要と思えば、多少の困難があっても何とかしてそれを与えます。イエスさまも「あなたがたは悪い者でありながらも、自分の子どもには良い物を与えることを知っている」（ルカ11・13）とおっしゃってい

ます。ご聖体は、イエスさまの定められた大切なお恵みであることを、保護者と子どもたちに伝えていくことが大切です。

「心」を育てるために「形」を整える

　大切なことは、知識や形式を教えることだけでなく、子どもたちの「心」を神さまに向けさせ、成長させていくことです。目に見えない「心」を育てていくためには、まず、目に見える「形」を整えていくことも大切です。そのためには、大人が率先して模範を示すことです。たとえば、祈る「姿勢」です。背筋を伸ばして、静かにゆっくり祈ること。少しでも沈黙の時間を取り、祈る雰囲気を作ることが大切です。

願いと意志を自分から

　初聖体を受けられるのは「理性を働かせ始める年齢」とされています。それは必要な教え、特に、ご聖体が、普通のパンとは違うことを、理解できる年齢です。その上で、子どもたちが望んでご聖体を受けたいと願う「意志」が大切です。初聖体を受けられる年齢はまた、幼児洗礼と成人洗礼を分ける年齢でもあります。

　洗礼の時は、両親と代父母が本人に代わり受洗を願い、信仰宣言を行いました。初聖体では、子どもたちも、教会のみなさんといっしょに信仰宣言を行い、ご聖体を拝領します。幼児洗礼であっても、初聖体、そして堅信を受ける機会に、自分で理解し、自分で願って信仰を得たのだと自覚し、成長していってほしいと思います。

　そのために、例えば「自分の洗礼の時のことを調べる」「初聖体の願いを、名前の部分だけでも子どもたちが自分で書く」など、さまざまな工夫があると思います。

　初聖体のお恵みによって、子どもたちが大きく成長することができるよう、心から願っています。

2020年5月　大塚　了平

初聖体に向けて（年間プログラム案、全20回）

※毎年６月はじめ頃にある「キリストの聖体」の祝日に向けて、１年間で20回の準備を行う案です。

月と典礼暦	テーマ	主な内容	テキスト箇所	聖書の箇所
6月 み心の月	神さまの素晴らしさを知りましょう	1 天地の創造主、命ある物を造られた神さま 2 私たち人間を造られた神さま	P12－13	創世記１章 創世記2-3章
7月	お祈りについて	3 お祈りとは？自分でお祈りを作ってみよう 4 主の祈り、アヴェ・マリアの祈り	P14－15 P8－9	マルコ1・35-39 マタイ6・5-15
8月		※ 夏休み（夏季合宿、キャンプ等で交流を深める）		
9月	イエスさまはどんな方？	5 神の国、「隣人を自分のように愛しなさい」 6 病をいやされたイエスさま	P16－17 P46－49	マタイ22・34-40 ヨハネ5・1-9
10月 ロザリオの月	教会とはどんなところ？	7 イエスさまが呼び集めてくださった教会 8 自分たちの教会について調べてみよう	P18－19	マタイ28・16-20
11月 死者の月	聖霊とはどんな方？	9 聖霊降臨の出来事 10 神さまからのプレゼント「聖霊」	P20－21	使徒2・1-13 ヨハネ14・15-21
12月 待降節 ご降誕	イエスさまのご誕生	11 私たちのところに来てくださったイエスさま ※ クリスマス休み	P36－37	ルカ2・1-20
1月	秘跡ってなに？	12 秘跡はイエスさまに会えるとき 13 自分の洗礼のときのことを調べてみよう	P22－23	マルコ16・19-20 マタイ3・13-17
2月	聖体の制定	14 キリストの御からだと御血 15 私たちを力づけてくださる聖体	P24－25	マルコ14・22-26 ヨハネ6・35-40
3月 四旬節	ミサ～感謝の祭儀	16 ミサはイエスさまの記念 17 ミサの中にはどんな部分がある？ミサの構造	P26－27 P63	ルカ22・15-20 ルカ24・13-35
4月 復活節	神さまから離れること	※ ご復活休み 18 私たちを待っていてくださる神さま	P28－29	ルカ15・11-32
5月 聖霊降臨 聖母月	ゆるしの秘跡 聖体拝領のしかた	19 イエスさまと出会ったザアカイ 20 ひとつのパンに結ばれて生きる	P30－31 P32－33	ルカ19・1-10 使徒2・43-47

ミサ式次第（主日の典礼用）

※太字はとくに大切なところです。

I　開　祭　　　・入祭の歌とはじめのあいさつ

　　　　　　　　・回心の祈り

　　　　　　　　　あわれみの賛歌

　　　　　　　　・栄光の賛歌（四旬節、待降節中は歌わない）

　　　　　　　　・集会祈願

II　ことばの典礼　・第1朗読　　　　　　※その日の福音の内容と対応

　　（聖書朗読）　　答唱詩編　　　　　　※第1朗読の内容と対応

　　　　　　　　・第2朗読（使徒書）

　　　　　　　　・アレルヤ唱（四旬節は詠唱）

　　　　　　　　福音朗読（福音書）

　　　　　　　　・説教

　　　　　　　　　信仰宣言

　　　　　　　　　共同祈願

III　感謝の典礼　〈供えものの準備〉

　　　　　　　　・奉納の歌と行列（献金）

　　　　　　　　　パンと葡萄酒を供える祈り

　　　　　　　　・奉納祈願

　　　　　　　　〈奉献文　－感謝の祈り－〉

　　　　　　　　・叙唱と感謝の賛歌

　　　　　　　　・奉献文　〜聖変化

　　　　　　　　〈交わりの儀〉

　　　　　　　　・主の祈り

　　　　　　　　・平和を願う祈りとあいさつ

　　　　　　　　　平和の賛歌

　　　　　　　　・聖体拝領

　　　　　　　　・拝領祈願

IV　閉　祭　　　・派遣の祝福

著者紹介

大塚 了平（おおつか　りょうへい）

1976年生まれ。熊本県合志市出身。
2011年日本カトリック神学院卒業。

わたしたちのはつせいたい ── イエスさまとつながろう！　　　　東京大司教出版認可済

2020年 6 月15日　初 版 発 行
2023年 6 月15日　第 3 刷発行

著　者　大塚了平
発行者　オリエンス宗教研究所
代　表　C・コンニ
〒156-0043　東京都世田谷区松原2-28-5
　Tel 03-3322-7601　Fax 03-3325-5322
　https://www.oriens.or.jp/
印刷者　有限会社 東 光 印 刷

ⓒ Ryohei Otsuka 2020
ISBN978-4-87232-112-8　Printed in Japan